붉은 꽃 지는 저녁

2018

붉은 꽃 지는 저녁

박미림 시집

사색의정원

시인의 말

혹독한 바람은 여전히 나를 향해 불고 있다
불우한 내게서 벗어나는 길은 끊임없이
나를 던져 나를 건져내는 일이다
나의 역사는 이렇게 차곡차곡 기록되고 있다
꿈은 늘 악몽으로 시작해서 악몽으로 끝났다 그 악몽도
이제는 나의 몫이고 유언장 같은 한 편의 시로 시작된
내 가난도 내 몫이라는 사실에 겸손해지기로 하자
다시 필 봄을 위하여 詩 씨앗을 심는 자리,
양지 한 편에 내가 동그마니 서 있다

2018년 시월 상강霜降 새벽에

차례

시인의 말

1부. 꽃, 봉오리

눈에 힘을 주면 13

지렁이의 풍장 14

냄새의 지문 16

문수산 자락에서 읽는 풍경 18

제비꽃 19

꽃을 든 남자 20

일기예보 21

그녀의 성成 22

포도의 배후 23

홍도평야 블루스 24

모판을 읽는 방법 25

얼음꽃 26

행운을 드립니다 27

활주로의 내력 28

어느 하안거 30

길을 걷다 31

빛고을 송정역 역사驛舍 32
빛고을 송정역에서 34
동주 일기 36
5월의 격문 38
해남에 가면 40
자화상 42

2부. 꽃, 피다

껌의 행위에 대해 45
당신과 자벌레 46
노령연금을 계산하다 48
침침한 풍경을 맑은 대낮에 49
동거의 힘 50
하루 출사표 52
다육이의 방 53
날개를 달아줘 54
버스 1 56
버스 2 58
버스 3 59

버스 4 60

버스 5 61

잡초가 말하기를 63

세탁소에서 64

마네킹 66

빛고을 광주의 봄 68

김포 전호리 습지 말똥게는요 70

낙동강에 핀 파란 꽃에게 바치다 72

꽃, 비틀거리는 날이면 74

통곡의 바다에 꽃을 묻다 76

혼잣말 78

멸치 똥을 바르다가 80

3부. 꽃, 다시

복숭아 홍차를 마시며 83

귓속말 84

수목장 86

틀니 88

엄마의 온도 89

아버지와 복숭아 90

2014, 1월 클로즈업 92

마지막 낙관을 찍다 93

퇴거신고 94

경계 96

불면증 98

마른 꽃 99

겨울나무, 그리고 100

묻지 마라 101

나를 비켜 가는 것들에 대한 예우 102

오랜 수첩에는 슬픔이 있었다 103

붉은 꽃 지는 저녁 104

한 사람을 사랑하는 일 106

그 몹쓸 병 107

잔 에뷔테른느의 불온한 사랑 108

러브조이 110

섬, 당신에게로 가는 길 111

해설 비틀거리는 중심과 보랏빛 혁명 | 홍승희 112

1부

꽃, 봉오리

눈에 힘을 주면

음식 쓰레기 발라먹고 있는 고양이를 발견했다
한 걸음 뒤로 물러서는 나와 마주친
고양이 눈은 끔뻑거렸지만 광채가 났다
나는 살근거리며 몇 발자국 뒤로 물러선다
어라— 내가 왜 고양이 눈치를 보아야 하지?
눈싸움은 나의 완패로 끝났다
발라먹는 일 그치지 않던 고양이는
다른 이의 출현으로 사라졌다
마주쳤을 때 한 걸음 뒤로 물러서는 것이 아니었다
그 판단을 하는 순간 고양이는 이미
내 생각을 발라먹고 있었다
고양이를 사라지게 한 이처럼 눈에서 레이저를 쏘아
생각을 발라 먹을 시간 주지 말고 무시했어야 했다
한 걸음 뒤로 물러섰다고
우습게 아는 것들이 우르르 먹구름 되어
몰려온다는 것을 깜빡했다

나는 눈에 힘을 주면 눈물이 나던데

지렁이의 풍장

보도블록과 경계석에는
삶과 죽음이 공존하고 있다

밤이 되어서야
세상 밖으로 나온 지렁이가 있다
보거나 들을 수 없는
운명을 받아들인다면
해가 뜨기 전에 돌아가야 했다

개미들이 지렁이 주변으로
모래성을 쌓고 있다
아! 잘게 부순 일용할 양식,
지렁이는 개미에게
온몸을 다 바쳐 보시 중이다
이처럼 완벽한 보시가
또 어디 있단 말인가

개미들이 쌓아 올린 토성은
지렁이의 가묘家廟라 하겠다

돌풍에도 기우뚱거리지 않는
견고한 헌신

바람마저도 목례하고 가는
풍경, 바람의 장례

냄새의 지문

빗물에 씻겨 암모니아 냄새 나질 않는 홍어집
가건물 지붕 위로 떨어지는 빗방울 소리가
시계 소리 음미한 지 오래,
구석에 세워둔 우산에서는 공회전 마친
빗방울이 꼭짓점을 향해 모여든다
중심은 언제나 묵직하다
바깥으로 도는
빗줄기에서는 비 비린내가 난다
비린내 도려내기 위해 모여든 사람들
삼합 한 접시에
술병이 모로 눕는다
모로 누운 냄새
코끝에서 들썩거린다
천장까지 급상승한 냄새로
목젖이 뻥 뚫렸다
목젖에 냄새의 계보를 옮겨놓고
암모니아 맛 음미한다
냄새는 포갤수록 진한 걸까
냄새의 배웅 받으며

포개진 지문을 따라가면
흐드러지게 핀 맛을 맛볼 수 있다
아주 지독하거나 향기로운
지문의 길을 더듬더듬 걸어가는 사람들
냄새가 빗물처럼 쏟아진다

문수산* 자락에서 읽는 풍경

조강을 품고 있는 세상에 존재하는
단 한 권의 시집 숲,
첫발 내디디면 문수산 목차가 있다
능선 어디쯤 멈춰야 할지
하늘과 얼마나 가까워야 할지
고민 서두르게 하는 초입에서, 사람들의
오감^{五感}으로
말랑해질 때까지 입김 불어 넣는다
채집한 바람의 향기는 구석구석 들어선
많은 침엽수의 진한 시어^{詩語}다
꽃과 풀은 책 속의 부호다
나무와 꽃 사이 존재하는 경계
오래된 경전이 놓인 자리처럼 경건하다
근엄하다
정상에서 조강을 바라보는
그곳에서는 느림조차 새치름 푸르다

* 김포에서 가장 높은 명산으로 동쪽으로는 한강 포구와 서울의 삼각산이 보이고 서쪽으로는 멀리 인천 앞바다가 보이는 절경지로 경치가 사계절 아름다워 "김포의 금강"이라고 불리운다.

제비꽃

봄이 왔다고,
스스로 몸 낮추어 피어 있는 거지
바닥에 기대지 않고
굳이 하늘 가까이 닿지 않아도 될 만큼
딱, 그만큼 높이에서
재는 것들은 무심히 지나쳐 가게끔
보랏빛으로 한 계절 다녀가는 게지

꽃을 든 남자

안쪽으로부터 환해지는 흰머리가
가끔씩 내 머릿속을 점령하고 있는
우울증 따위, 지그시 밟아주면 좋겠다
한 가닥 힘껏 잡아당기니
뿌리는 뽑히지 않고 툭, 끊어진다
짧아진 머리카락은 몸을 낮춰 더 꼿꼿하다
뽑히지 않기 위한 슬픈 미동이다
검은 머리카락 틈에서 삐져나온 질긴 생명력
유효기간 짧아질수록
덧칠하는 나날이 잦아질 텐데
밀어 올리는 저 질기디질긴
탄성의 환희,
꽃을 든 남자가 자연 갈색을
반짝이는 은빛 깃털에 주문하고 있다

일기예보

비 온다는 예보에 후박나무 이파리
마른 잎 슬며시 내민다
밤새 다녀간 빗물이
시효 끝나지 않은 사실혼 관계를
주렁주렁 매달고 있다
바람과 햇빛이 알아서 빗물의 흔적 지우고
물그림자는 제 스스로
번짐을 자처하는 비 개인 오후
하늘은 본색^{本色} 드러낸 채 얼룩져 있다
다시 맺을
금방이라도 촉촉한 관계
~~다시 맺을 것처럼.~~

오늘은 소강상태
내일은
폭.
우.
라.
지.

그녀의 성成

 아는 사람만 아는 언덕 위 찻집은 도로변에서 몇 발자국만 옮기면 된다 오래된 옛집 주변 에워싸고 있는 아까시나무는 여주인에 대한 무성한 소문처럼 해마다 커져갔다 안면 튼 지 오래되었으나 더듬고 사는 일이 많아 잊을 만하면 찾게 되는 곳이다 손님 위한 배려라고는 전혀 없는 옛집 내실에는 이 층으로 올라가는 나무 계단이 익숙한 길 층층이 열어놓고 있다 커피를 시키면 따라 나오는 토스트에는 언제나 설탕 몇 알이 묻어 나왔고 달걀 후라이는 늘 반숙으로 삶을 다 익혀내지 못했다 항간에는 그녀가 해외 유학 다녀온 미술가라는 소문도 있었지만 안채 벽은 밋밋한 그녀의 향기만 배어있을 뿐이다 어스름 저녁 그녀 닮은 안개비가 차오르고 있다 옛집 밖에서 한 번도 만난 적 없는 그녀랑 팔짱 끼고 그녀 주변 거닐고 싶다 그날이 이왕이면 폭설 내리는 겨울이었으면 좋겠다 익어가는 것들 중에는 하얗게 익어가는 것도 있다는 것으로 어둔 기억 지워주고 나도 묻어가고 싶다

포도의 배후

사계절 내내 겸손하게 포도밭 일군 농부는
몸의 중심이 기울어질 때면 자식들을 생각했다
나무가 옹이 질 때마다 농부의 손은 굵은 마디가 생겼다
주렁주렁 달린 송이는 말 많고 탈 많은 자식들이다
여문 자식,
덜 여문 자식,
너나 할 것 없이 제 몸 가지에 매단 채
농부의 땀을 과즙인 양 빨아댄다
쓴맛 단맛 마다하지 않고 쪽쪽,
부실한 허리 곧추세우는 날이 깊어질수록
탱탱하게 살 오르는 포도,
수확철, 농부의 무릎관절에서는
녹슨 전지가위 소리가 난다
헐거워진 뼈마디가 무르익어가는 계절
자식들은 하나둘 단내 풍기며 분가分家를 시작한다
그즈음에서야 달달하게 익어가는 사람들
숙성 잘 된 포도 향 넘쳐나는 9월,
김포는 보랏빛 풍요가 환하게 번지고 있다

홍도평야* 블루스

눈 녹은 보리밭 사이로
엉큼한 바람이 햇빛 데리고 들어간다
속내 들켜버린 정분난 것들이
흔들어대는 엉덩이가
눈부시게 반짝거린다
불륜 저지르고도 뻔뻔한 낯짝 들판 가득하다
부끄러운 줄 모르고
부둥켜안고 있으니
곧 들판이 누렇게 출렁이겠다
흥. 잘났어!

---

* 김포시 사우동과 고촌읍 향산리 농경지 일대

모판을 읽는 방법

수확을 기다리는 늦가을 수굿한 벼
농부는 오체투지 중이다
그을린 얼굴
들녘 가득 환하게 들어찬 보름달이다
쌀 한 톨이 모여
공손한 밥 한 공기 얹어 놓은 식탁
베푸는 곳의 나눔 섭리가
다시,
논물을 대고 물꼬를 튼
이랑과 이랑 사이
파릇한 경전이 펼쳐진다

얼음꽃

잎도 가지도 순결한 나는 나비가 날아들지 않아
향기 품을 수 없는 얼음꽃이랍니다
그녀가 지난여름 책갈피에 넣어둔
꽃잎 같은 것은 당연히 없겠지요
바라보다가 자꾸 뒷걸음치며 멀어져 갈 뿐
아무도 내게 가까이 다가오지 않아요
가질 수도 품을 수도 없고 그녀 책갈피에
꽃잎이 될 수 없는 나는 어쩌면 좋을까요
꽃이라 이름 지어준 그대들이 야속하여
햇빛이 눈부시다는 이유로
슬며시 눈물도 흘려보았지만 그럴수록
내 몸에서는 가시만 돋아나요
장미꽃 가시는 도도하게 그대들을 찌르지만
내 몸에 가시는 겸손하게도 햇빛 웅성거리는 날
맨발로 저 스스로 걸어 나와 웃지요
들리나요? 내 웃음소리
졸졸졸 소리 내는 얼음꽃 한 다발
봄이 오기 전에 사 가실래요?

행운을 드립니다

먹구름에 발자국 지워가는 날
열무를 사 들고 매일 지나는 인도 따라
잔디밭을 지나쳤다
익숙한 풍경 뒤로
집안 간은 될 성싶은 풀들 틈에 네 잎 클로버,
열무를 손질하다 발견했다
누가 행운을 가져다 놓은 것 아닌지 싶어
다른 한 단마저 풀어보니
우연이었나 보다
거둔 이에게 자신을 알리지 못하고
트럭에 실려 값없이 딸려온 것이지

장맛비가 시작되었다

채소값 오를 텐데
열무 한 통 담아 놓으니 마음이 배부르다

활주로의 내력

섬이다
배 한 척 보이지 않는,
사람들 썰물과 밀물 되어 오갈 뿐 벼랑은
절대 용납할 수 없는 탄탄대로
길만 길이 되는
섬과 섬을 이어주는 관제탑은 등대다
그곳에는 수시로 별이 생성하고 소멸한다
육중한 별은 천천히 내려왔다가
서서히 접어드는 하늘길
가끔 연착된 별이 덤으로 반짝일 때도 있다
먼 곳에서 날아와 쉬고 있는 깃털 사이
비상하는 새떼들이 자유롭다
정비사의 지친 어깨 위로
별들이 키 재기를 하고 있다
오랜 세월, 바닥은 모든 것들에게 공평하였다
우리만 욕망이 발동하여 어느 날 덜컥거렸을 뿐,
하늘 문 열리고 닫히는 곳에서
천 개의 점멸 신호등들
적절한 각도에서 붉거나 흰 눈빛의 유도등

어둠의 저편, 천 리 경계 너머 밝혔다
곧은 길 솔기 끝이 시위를 당기는지
바닥이 기립 자세로 총총

어느 하안거

정자 옆 보리수 열매
하루하루 더 붉어지는 것은,
어쩌면 최초의 사랑이자 마지막
사랑이었는지도 모른다
붉은 것은 높은 곳에서 낮은 곳으로
낙화를 마다하지 않는다
뿌리를 향한 미세한 진동
투욱, 투두둑 보리수 그늘 아래
낮게 엎드린 입술들이 합장을 한다
미동도 없이 가만,
오고 가는 발길에 짓이겨진
묵언수행 중인 스님의 입술
옹기종기 모여 염불 중이다
나무아미타불 관세음보살
나무아미타불 관세음보살
최초의 붉은 것은 누군가에겐
아문 상처의 흔적이었는지도 모른다

길을 걷다

수척한 낙엽을 보고서야 산통 중인 가을을 느낀다
계절의 여백으로도 채워지지 않는 허무가 깊다

허무- 하나, 가을이 무르익을수록 헛배만 불러 간다
우두커니 서 있는 것을 우리는 나무라 하고,
나라고 지칭한다
무리 속에 우리가 되는 너와 나,
그 누구도 처음부터 서성이지 않았다

허무- 둘이, 되어갈 때 어딘가로 향한 발걸음
그것을 우리는 인생의 길 걷는 중이라고 한다

빛고을 송정역* 역사驛舍

구름 지나간 자리,
무표정한 시멘트 바닥에서
풀 한 포기
싱싱하게 뻗어 올라오는 중이다
낯선 이들의 목소리가 서성거리는 역사,
지붕을 지나
레일을 타고 내려온 하늘이
새잎에 슬그머니 걸터앉는다
개찰구를 빠져나오는 사람들 틈에
보퉁이 짊어진 노인
구름을 등지고 기웃기웃
햇살과 마주 앉은 의자에
슬며시 앉은 노인에게서
열차표 꼭 쥔 엄마 모습을 본다
광주와 서울이 나란히 붙어 있는 차표 한 장,
그해 엄마의 온기는
아지랑이 꽃으로 피어올랐다
매운바람 소리까지도
당신 가슴으로 품어버린 사랑

이제 그 자리에 내가 선다
차표 대신
모바일 티켓 핸드폰 속에 정차해있다
빛고을 광주에서는 오늘도 사람들이
공손한 걸음 바삐 옮기며
역사驛舍에서
그들만의 역사歷史를 만들고 있다
여전히 꽃들은 피었다 진다

* 광주광역시 광산구 송정동에 있는 호남선 철도역이다.

빛고을 송정역에서

서로의 등 긁어주면 좋을 사람들이
무음의 숫자 밀어내는 전광판 응시하며
출발 시간 기다리고 있다
그곳은 날마다
꽃이 피고 지는 사람역이다
기웃거리는 모든 것이
개화를 기다리는 곳
만개한 꽃이
그윽한 향기 뚝뚝 떨구는 대합실
몇 장의 낙엽을 헤아리는 창백한 황혼도
이내 곧 사람 꽃으로 만발하는 곳
어느 역까지 가느냐고! 물으면
대꾸해 줘야 할 것 같은,
사람이 배경 되는 역사驛舍

침묵沈默이 그날의 기도처럼
침목枕木으로 가지런히 누운 밤
문득, 결을 이룬 모든 것들은
저마다의 낙관을 품고

오체투지의 삶으로
살아가는 일이라는 것을
레일의 지문을 읽으며 생각한다
레일과 레일 사이
행간에 채집된 열차의 속도가
어느덧 출발선에 들어선 하루
우리는
오늘도 열차를 타는 사람들이다

동주 일기
— 윤동주 시인 탄생 100주년을 맞이하여

후쿠오카 형무소에서 새해를 맞이한다
쇠창살 파고드는 햇살이
내 그림자 옆으로 눕는다
접었다 편 다리 위로도 눕는다
잠시 따듯하다

걸어서 이곳을 나갈 수 있을까
토끼. 노루. 강아지. 노새를 다시 만날 수 있을까
라이너 마리아 릴케 시집을 읽으며
서강 들판과 창내벌
어둑어둑해질 때까지 걸을 수 있을까
만주 북간도 논가 외딴 우물에
달님 다시 만날 수 있을까

햇살 든 벽에 기대어 우두커니 서 있네
문득 떠오른, 차례상
뼛속까지 얼은 나를 견디게 한,
내 어머니의 떡국이 그곳에 놓여 있었네,
나를 견디게 한 힘이다

날마다 문은 열렸다 닫혔지만
집으로 돌아가는 길인지 아직 난 알 수 없다
종일 죄 없는 고무신만 노려보았다
창살 밖으로 내 발자국이 걸어 나간다

5월의 격문
— 중봉 조헌 선생을 기리며

개미가 돌계단에서 금을 긋고 있다
세상의 이치는 변하지 않는다

획의 곡선을 통과하기 전에 독작獨酌하였을, 그대
낮은 호롱불 마주하고
음각 양각 문양文樣 달빛 창백한 밤에
낙관을 찍는, 그날 밤

몸살 오른 여린 꽃망울들
개화를 늦추며 혁명을 기다리고 있었으리라
하지만 그래도 피어야 한다

울새 한 마리
아침저녁으로 비문에 앉았다가 용마루를 향해 푸드덕, 이내
땅 밟는 소리
길마다 좌표를 만든 흔적 어디서나 꽃잎
붉은 깃발이다

나부끼는

의병의 피다

오늘은 그분들의 숭고한 이야기를 들어야 한다
게워내듯 들춰야 하는 역사
승전고 울리며 돌아오는 해진 갑옷
두두두
지축을 두들기는 말발굽
살아있음이다, 그대들 뜨거운 피의 혈채를 받아야 한다
마땅히

늙은 소나무 짐짓
반역反逆의 후손들을 내려다보고 있다
두 눈 퍼렇게

* 제11회 중봉문학상 우수상 수상(2017)

해남에 가면
— 김남주 시인 생가에서

노을이 진다 하늘엔 수시로 문양이
그날의 핏빛으로
그려졌다 지워지길 바쁘다

금방이라도 시구 한 구절
길어 올려질 시인의 저항이
바람결에 다녀가는지
풀이 눕는다.
햇살이 출렁인다.
꽃잎 실핏줄이 터진다

해남 땅끝마을에 태어나
광주 망월동 묘역에 잠든 당신이지만
나는 당신을 다 알지 못한다
죽창에 흐르는 피,
이제는 푸르게 익어가고 있다는 것만 알 뿐

시인의 첫 울음소리
우렁우렁 들려오는 생가에 들어서니

처마 밑으로 뚝뚝, 빗소리 깊어간다
당신 닮은 사람이 그리워
자꾸 뒤돌아보는 생가
소나기는 더 세차게 달싹거리는데
풀잎은 언제쯤 일제히 일어서서
민주주의 꽃피울까

부끄러운 자화상들이
빗물처럼 넘쳐나는 세상
오늘만이라도
시인의 숨결이 인도하는 대로 걸어 볼까나

자화상
— 한하운 시인

가난한 나는,
김포 장릉 공원묘지 183 유택 앞에 서 있다
너무 가난해서 시를 못 쓰고 있다고
하소연하다 막 피기 시작한 진달래를 위한 시를 쓴다
천형으로 별이 된, 시인을 위해서도 쓴다
날아가던 새 한 마리 비석 위에 영역 표시해두고 갔다
쓰윽 문질러보니 젖은 바람 다녀갔는지
흔적 가볍게 지워졌다
상처도 흔적처럼 쓱 문질러 지워질 수 있기를
수많은 날 기도하였을 시인이
봉분 숭숭 뚫린 안에서 춥다 하신다
살아서나 죽어서나 참 추운 당신
붉게 물든 얼굴,
석양 탓이라고 말하는 사람들 곁으로
꽃샘추위 귓불을 당긴다

2부

꽃, 피다

껌의 행위에 대해

단물 쪽쪽 다 빨아먹고 누군가
혀 굴려 뱉어낸 것을
재수없게 내가 그만 걸려든 것이다
제기랄- 아직 온도가 남아있다
사실 몇 번 껌을 밟아 본 적은 있는데
이번처럼 영역 확장 행위로
감정 표현하는 것은 처음 본다
혀로 둥글게 말아지거나
어금니 본떠진 채
버려진 것에 대한 보상을 즐기는 중이거나
껌의 몇 가지 표정 중 하나를
아스팔트 경전에 또렷이 새기는 것이다
뒤축에서 껌이 고갈될 때까지
보행을 멈추지 않았다
한 뼘씩 자라나는 햇빛이
자리를 털고 일어난다
애당초 삶은
모서리가 닳도록 걷는 일이다
그리고,
아스팔트 바닥에 눌어붙은 껌이 되는 일이다

당신과 자벌레

팔월 한낮,
버스 정류장 의자에 한 마리 자벌레
깊은 잠에 빠져 있다
찌든 셔츠를 말아 올린 채 둥글게 누워있다
고달픈 하루를 재단하려다 실패한 부산물을
끌어안은 긴 손톱이 날을 세우기도 한다
성별 가늠할 수 없는 뒤태
희끗한 앞머리를 잡아 틀은 그녀다
몇 대의 버스가 정류장에 멈춰 섰다
한때는 당신이었던 사람들이 멀어져 가자
몸을 뒤집어 천천히 꿈틀거린다
그리고 슬며시 치뜨는 눈
당신의 관찰쯤은 안중에 없다는 듯
잠에서 덜 깬 그녀, 몇 발자국 못 가 비틀
무리에서 언제 떨어져 혼자가 되었는지
언제쯤인지 생각해야겠다는 듯
무표정한 시선이 멈춘다
아득하게 사라진
그녀의 날들이 먹구름 속으로

뼘을 재듯 거처를 찾아 나선다

그녀의 끝자락이
시야에서 사라질 때까지
자를 재며 세상 읽어 내려가는
사람들이 꿈틀거린다

노령연금을 계산하다

 주민센터 초입에 걸린 현수막 옆구리가 찢어져 있습니다 65세 이상 기초노령연금 신청하세요 현수막이 중심 잃고 서성입니다 숫자 6과 5 사이 보풀이 일고 경계가 생겼습니다 비바람이 그 경계를 넘나들며 스며듭니다 굵은 물살이 하수구 향해 직진합니다 주민센터 입구에 놓인 사철나무 화분 바람에 갸우뚱합니다 바람의 무게를 계산하고 화분의 가벼움을 창가에 기대 계산해봅니다 모두 가볍다고 말하는 것만 같습니다 안구건조증에 걸린 콘택트렌즈가 두 개의 물체를 더듬고 있습니다 돌발성 난청 귀에는 보청기가 대기 중입니다 오늘도 목주름이 음각으로 새겨지는 날입니다 잔뜩 겁먹은 허리 고쳐 앉습니다 이제는 삐뚫을 인정하고 단순해져야겠습니다 늘어나는 검버섯만큼 명료한 것이 또 어디에 있을까요 이제 비루한 시간과 바투로 마주 앉아야겠습니다

침침한 풍경을 맑은 대낮에

막대기 몇 개 세워두고
끈 대충 둘러댄 텃밭,

노파는 무엇을 심은 걸까
담배 한 모금 빨고
물 한 번 주고 허리 한 번 펴고
다시 한 모금 빨고 물 한 번 주고
엉거주춤한 허리 한 번 더 펴고
모이 먹고 물 한 모금 마시고
하늘 한 번 쳐다보는 병아리는 분명 아닌데
가늘게 떨며 넋 놓은 모습
노파는 어쩌면
어미 닭이 되고 싶었는지도 모르겠다
품는다는 것,

삶의 욕구를 견뎌내는 오래된 자세
저토록 침침한 풍경을 맑은 대낮에
우리에게 몸을 굽혀 말해주고 있다
노파는,

동거의 힘

밤새 이끼 낀 치아를 닦기 위해 물기 마른 시간
욕실에 들어섰다 칫솔에 치약을 짜댔다
치아는 차례를 기다리는 환자들처럼 대기 중이다
또박또박 걸어 칫솔질 시작했다

침묵이 흐르는 무덤가 돌 듯

덜 묻히고 덜 닦인 곳 없도록
손목 관절 잘 돌려가며 아무 말 없이
그저 아무 말 없이, 거울 바라보며
벼랑 끝까지 강도 조절된 칫솔질을 했다
입 안 가득 거품이 인다
엔딩이 아니라 진행 중이다
내 안에 가득 찬 풍성한 허욕들이
부글부글 구역질 몇 번에
멈칫했던 미움과 시기 헹굼으로 잠재운다
탈탈 털어 삭히고 버린다
불량한 잇몸을 들여다본다
누가 상처는 빨갛다고 했던가

누가 마음은 하얗다고 했던가
그윽하게 들어앉아 있는 저 늙은 치아들
웅크린 채 들어앉아 있는 저 붉은 잇몸들
누가 누굴 껴안았던가
저 늙은 치아와 잇몸의 오래된 동거를,
저 붉은 잇몸과 치아의 까마득한 관계를,

하루 출사표

 수족관 열대어 블루 구라미가 더 파랗게 익어갈 수 있도록 조명 죽여야 한다 아무짝에도 쓸모없는 인생이란 없다고 혼잣말로 중얼중얼, 현관문 통과할 때마다 쫓기는 것으로부터 멀리 달아나야 한다 꽃무늬 액자 바닥에 걸려있는 거리 스프링 달린 신발을 신고 튀어 올라야 한다 행렬 끝날 기미 보이지 않는 벌레들의 이동 따라나서야 한다 버스 정류장에서는 집으로 향하는 숫자를 기억해야 한다 유명 커피전문점에서는 잊지 말고 에스프레소 주문해야 한다 균열이 일어난 핸드폰 이마 실핏줄 가끔씩은 잡아당겨 줘야 한다 번호표 받아 든 맛집에서는 예의상 한두 시간쯤 기다려주어야 한다 육신이 누울 일인용 감옥 현관문 비밀번호 기억해야 한다 수도꼭지에서 똑똑 떨어진 꽃잎으로 요리한, 가끔은 꽃 비빔밥 만찬도 즐겨야 한다 바람이 날아오는 에어컨 앞에 우울을 걸쳐놓고 적당히 건조시켜야 한다 고개 빳빳하게 쳐든 황사가 봄날을 난도질하면, 빈방에 쓸어 모아놓고 봄의 왈츠 들려줘야 한다 뻐금거리는 아가미 닫힐 때까지

다육이의 방

 창가에 다육이 유기견처럼 바싹 마른 줄기 드러내 보이고 있다 몇 해 전 유해가스 냄새 풀풀 찌는 실험실에 손바닥만 한 화분 몇 개 얻어다 산목을 했다 얼마나 버틸까? 여기서 살 수 있을까? 불안을 숨아내고 뿌리 내린 다육이는 보란 듯 층층이 새순을 불러모았다 다육이를 노려보는 날이 귀찮아질 무렵 정리해고가 되었다 다육이에게는 살 수 없을 거라고 악담 퍼붓고 몇 개의 꾸러미만 챙겨 뒤도 안 돌아보고 나왔다 문득, 구석에 처박아 둔 슬리퍼와 다육이 생각이 났다 나를 신던 기억이나 하고 있을까? 모질게 퍼붓던 악담은 잊었겠지? 퇴사 2년 만에 복귀한 실험실 그간 누구도 손 잡아주지 않았다는 듯 다육이는 햇볕이 이끄는 대로 마냥 끌려가고 있었다 반가운 마음으로 눈을 맞춘다 다육이의 저 태연함은 천천히 병들어가고 있다는 시위인지도 모른다 숨을 길게 내쉬는 가쁜 하루가 목에 걸린다 잔기침이 인다, 호흡은 왜 이리 가쁠까 너와 나의 폐는 여전히 배고픔에 끈적끈적하지 어디선가 생계를 이어가는 슬리퍼 끄는 소리가 들린다 뒤처진 하루가 빤히 나를 바라본다

 행복한 엔딩은 애초에 존재하지 않았다는 듯 향기는 그 어디에도 없었다

날개를 달아줘
— 공 여섯 시, 졸음을 포개어 놓고 오른 버스

강자와약자정규직과비정규직저소득층과고소득층빛과어둠높고낮음하늘과땅뿌리와줄기가슴과머리부드러움과딱딱함쓰거나달거나해와달바닥과벽남과여진실혹거짓시작과끝죽음과삶좌파와우파보수와진보별과구름비와눈흑과백불투명과투명행복과슬픔촛불과탄압차별과평등이뿌리에서시작되는갈등은희망과좌절이모든관계속에존재하는너와나

#1
사무실 복도 수족관 관리하던 그 남자 다녀갔나?
몇 마리의 작은 물고기를 위한 호화스러운 공간이
여름맞이 대행사로 인공 산호초를 더 들여놓았다
나는 그곳을 지나칠 때면 심한 갈증을 느낀다
그 갈증은 잘 익은 차별에서 시작된 것이다

#2
물고기는 날개 대신 지느러미를 정좌하고
먹이를 기다린다
청소 노동자는 최대한의 예의를 갖춰 낚싯바늘 대신
먹이를 공급한다

수족관 앞바다에서 볼 수 있는 풍경이다
고래의 꿈 같은 것은 존재하지 않는다

#3
〈내게 날개를 달아줘〉 물고기는 늘 숨이 가빴다 〈수초가 필요해〉
〈유해가스와 질긴 동거〉 나도 숨이 가빴다 〈맑은 산소가 필요해〉
그들 〈그들과 그들의 그들을 포함한 생명〉에게는 관심이 필요해

퇴근길 버스 스피커에서 들리는 메마른 소리 지지찍-찌직
주파수 맞지 않는 라디오도 호흡이 가쁘다
과부하에 걸린 차별이 괄호 안에서 미끼를 던지고 있다

'사는 건 줄기차게 도망을 하는 것이다'*

---

* 최금진 시인의 「바퀴라는 이름의 벌레」에서 차용.

버스 1
― 밥을 위하여

운전기사 뒷자리는 사내 지정석이다
누구도 침범할 수 없는 영역,
레일 위를 달리는 물류의 숨 가쁜 레시피 구상 중이거나
살을 파고드는 발톱 깎고 있거나
어설픈 사생활 조율하고 있을 새벽 6시
사내의 단잠은 버스와 함께 덜컹거린다
눈빛 한번 마주친 적 없는 사내는
정류장마다 타종이 울려도
코너를 도는 속도감이 몸을 한껏 잡아당겨도
좀처럼 고개 들어 자세를 고쳐 앉는 법이 없다
물론 치아 드러낼 일은 더더욱 없다
낮은 음성일 수 있는 목소리 또한 들을 일 없다
어쩌면 그 사내의 눈 속에는 바다가 들어앉아
출렁거리고 있을지도 모르겠다
출렁이는 것에 너무도 익숙해 흔들리지 않는 사내,

나의 지정석은
사내의 뒤통수 머리카락 헤아릴 수 있는 자리
원형탈모의 민낯이 이니셜처럼 새겨져 있다

〈울컥, 내 정수리에도 새겨진 이니셜〉
단 이십 분짜리 점심시간을 향해 사내가
빨리빨리 물류 정류장에서 내린다
밥통이 내린다
밥통을 어깨에 메고 다니는 사내인 걸 보면
굵은 바리톤 목소리를 지닌 사내일 수도 있겠다
당당한 저 뒷모습, 다행이다
동은 여전히 트지 않았다

버스 2
— 슬픔을 냄새에 가두는 법

밤새 마늘을 까고 나온 게야
아니면 마늘 까는 알바를 가기 위해
새벽 시간 버스에 오른 게야
단벌일 게야
몸에 가시처럼 박혀있는 냄새
그녀에게 최적의 상태일지도 모른다
주변 사람이 슬며시 이동한다
냄새 들켜도 아랑곳하지 않는 그녀
감출 수 없는 완벽한 증거
밥줄은 지독한 냄새를 동반한다
시큼한 냄새는 삶이 강렬할수록 숙성된다
목구멍 거미줄을 걷어내야만 한다
몸에 인이 박인 욕구의 응답은
밟혀도 다시 일어나는 풀뿌리 잡초다
오래 묵을수록 냄새는 더 진하게 우러난다고
항변하듯 쓴웃음 지으며 내리는 그녀

〈너희들이 슬픔을 냄새에 가두는 방법을 알기나 해!〉

쿵,쿵, 내게도 몽실몽실 피어올랐다

버스 3
— 이방인

타국에서 살아남는 법을
누구도 알려주지 않았을 터
교통 카드를 찍고
필사적으로 프레스 찍었을 어깨 위로
영하 15도 송곳 바람이 터를 잡았다
너무 멀리 왔다고 후회한 순간
공장장의 육두문자는 월급 통장에 꽂힌다
웃자란 손등의 흉터가 순해지고 있다
두 계절만 떠안으면 된다
불량이 유독 많은 날은
새참 대신 모멸감으로 배 채우고
잔업이 있는 날은 통장 꼿꼿이 펴
인출 없는 잔액을 확인한다
되돌이표 다시 그려야 하는 하루가 간다, 온다
눈물 스윽,
버스로는 갈 수 없는 나라가
핸드폰 속에서 출렁이고 있다
이제는 가야 할 때

버스 4
— 청년을 위하여

밤새 알바를 했거나 곤한 잠 자고
일터로 향하는 건지 알 수 없는 표정이다
꽃길만 걷자는 응원도 청년에게는 사치였을까
창의 얼룩을 머리카락으로 읽으며
드렁드렁 코를 곤다
복사뼈 드러난 발목에는 흉터가 새겨져 있다
그 흉터의 내력을 상상하며 버스광고를 듣는다
반복되는 광고가 지루해질 무렵
숙면에서 깬 청년이
하차를 위한 경고음 거침없이 누른다
발목의 흉터가 사라졌다
눈에 보이는 상처는
치유된 것을 알 수 있어 얼마나 다행인가
혹여, 청년에게
보이지 않는 상처가 있다면
아프지 않았으면 좋겠다

버스 5
— 희망을 심다

풍화작용 중인 하루가 연신 마른기침을 뱉는다
익숙한 자세로 베개를 베고 잠이 든다
나뭇잎 얼룩이 무늬가 되는 새벽
더듬이가 꼬리를 감추고
더듬더듬 버스 정류장에 도착한다
펄럭이는 행사 포스터
버스를 배웅이라도 할 듯
기억을 하나 둘 지울 기세로 사납게 펄럭거린다

과자 부스러기가 남아 있을 비닐봉지와
한두 입 베어 먹다 만 사과 하나
바람으로 속을 채운 찌그러진 맥주 캔
밤새 더듬을 것 하나 없었을 낯모를 이의 행적, 사라진
그림자를 뒤에 두고 마중 나와 있다

부스러기를 깨우고 있는 새벽 센 바람이
정류장에 기대 휘청거린다, 분절음에 흠칫하다 놀란
하품을 토닥이며 누렇게 얼룩진
사과를 집어 들었다

아무나, 아무 생각 없이 던져버리거나
멀리 차 버리기 전에
사과 씨앗을 솎아 심는다
뉴턴의 만유인력 같이 앉아있는 정류장
나무 한 그루, 사과 꽃 피었다

그 자리에 열매 맺은 저 붉은 태양

3분 후에 도착한다는 시그널이 안내판에 뜬다

잡초가 말하기를

나도 한때는 여린 풀이었어
누군가 나를 밟기 전까지는
난 크고 싶었어
살고 싶었어
그런 나를 그들은 마구 밟아 댔지
나도 그들처럼 하늘 가까이 닿고 싶어서
내 몸에 근원인 뿌리 뻗어 나가는 곳곳에
질긴 목숨 담보 삼아 못질 해댔어
아무리 나를 밟아대도
우악스러운 손에 의해 내가 뽑혀져도
내 뿌리만큼은 누구도 뽑아내지 못했어
다시 나는 여린 풀이 되고
다시 나는 뽑히고
반복된 작업에 나도 그들도 지쳐가지만
결국 포기하는 건 내가 아니지
날이 갈수록 더 질겨지기에

조심해
짓눌린 내 몸이 가끔 칼날처럼 일어나거든

세탁소에서

등뼈가 품었던 권태로움 잔뜩 묻은 세탁물이
드라이클리닝 되는 통속에서
내 구겨진 초상화와 함께 탈수되고 있다
세탁소 늙은 주인은 오래전 자신의 초상화 역시
수없이 탈수되었다는 듯 초연한 모습이다

우리는 무기력한 날일수록 옷을 껴입게 된다
우울한 날에는 거울 앞에서 서성이게 된다
처음 동그라미 그리던 날부터 하루는
늘 제자리로 다시 돌아와 옷장 앞에서
서성이게 한다는 것도 알고 있다

옷걸이에 켜켜이 걸린 저마다의 꿈들이
한쪽에서는 구겨져 울상이고
한쪽에서는 매끄럽게 길이 나
실루엣 만지작거리며 시간을 엮고 있다
숨어든 솔기에 깃을 얹어주는 주인의 손길이 바쁘다
몰랐다, 실밥은 절대로 느슨해서는 안 된다는 것을

체온이 온도가 되어 주름이 열반에 든다
기를 쓰면 쓸수록 세탁소 거울은 점점 더
침침해진다는 것,
스팀다리미의 저항을 보고 알았다

마네킹

유리질의 아침
햇살이 아닌 불빛이 주삿바늘처럼 꽂히는
여기서 웃어야 할지 울어야 할지 모르겠어
진지하지 못한 시선을 마주 대하는 것이
가장 큰 곤혹이야
그냥 주저앉고 싶을 때가 많아
종일 내 옷이 아닌 타인의 옷을 걸치고
유리를 통해 풍겨오는 세상의 상한 냄새를 맡고
사람들이 수군거리는 소리를 듣지
나는 뜨거운 피가 돌지 않는 여자라고?
생명을 빚을 갈비뼈도 없고
머리는 가발인 데다가
노예근성만 남았다고?
이렇게 박제처럼 있다 보니
속도 자존심도 없는 줄 아나 봐
내가 더 안쓰럽고 측은한 눈으로
너희를 바라보고 있다는 것을
모르는 것 같아
이쪽에서도 너희들 속 훤히 다 보이거든

가슴이 바위처럼 굳어져 있거나
바람의 터널처럼 휑 비어 있어
그걸 가리기 위해
갖가지 옷 사들이는 것 아니겠어
다 알면서도 모른 척하고 있었을 뿐이야

왜?
나도 너희들 구경하는 것이 즐겁거든

# 빛고을 광주의 봄
— 5·18 광주민주화항쟁

 한낮 태양 아래 곤두박질치던 갈증을 몇 모금의 물로 허기를 달래고 전남도청을 향해 걷는다 해쓱한 회화나무가 제 속살을 드러내고는 있었지만 그날의 붉은 피와 영혼은 아직 숨 쉬고 있다는 듯 푸른 잎들이 출렁, 출렁인다 칼과 총으로 무장한 군인들이 급브레이크 없이 포박한 시간을 짓이기고 있다 민주화를 위해 죽음도 두려워하지 않는 시위대가 태극기 흔들며 쏟아져 나온다 계엄군에 맞서는 사람들이 금남로에서 직립보행을 자처하지만 상처가 너무 깊다 고립이다 피로 물든 바닥에 납작하게 엎드린 해거름이 오늘을 던져 추락한 사람들을 천천히 점령하고 있다 아, 나는 그 광경을 먼 곳에서 사람들의 입을 통해 어설프게 귀동냥하는 방관자였다 학생들이 자유를 위해 깃발을 들고 항쟁할 때 단발머리에 하얀 칼라 깃 세운 나는 존재의 이유를 꽃잎 탓이라고 어설픈 자문自問으로 시대를 접속 중이었다 5월, 분수대 광장 주변으로 유인물 낭자하다 귀 닫아도 들려오는 그날의 아우성, '어디에도 붉은 꽃을 심지 마라'* 노래가 계절을 읽으며 그날의 아픔 대변해주고 있다 낙화한 꽃잎의 저항을 주먹밥에 꾹꾹 누른 사람들이 진실의 무게 계산하던 그 봄날이다.

* 가수 정태춘이 작사 작곡한 〈아, 5·18〉 제목의 노래 가사이다. 5·18 광주 민주화운동을 진혼하고 광주의 역사에 동참하는 의미로 만든 기념비적인 곡이다.

김포 전호리 습지 말똥게는요
— 용산 참사

나 그냥 여기서 살래요 비록 말똥 냄새나는
몸이지만 내 집은 여기 전호리 습지예요
나 그냥 여기 살래요 당신들보다 먼저 터 잡고
당신들보다 먼저 재두루미 다녀간 것을 알고
당신들 피해 밤이면 뛰어다니는 고라니
뜀박질 소리 먼저 듣고 있는 나예요
그런데 이곳이 곧 거대한 굴착기에 의해
내가 살아갈 습지가 사라지고
콘크리트로 채워진다네요
난 이사 갈 곳이 없어요 원주민인 내게는
왜 허락도 없이 습지 없애고 내 친구들마저
떠나게 개발 하는지 말해줄래요
말똥 냄새가 문제인가요? 내게는 당신들 냄새가
더 역겨운데 서로의 냄새 서로의 영역
공존하는 곳이라면 좋겠는데
당신들 생각은 나와 같지 않나 봐요?

망루로 쫓겨난 우린 더 이상 갈 곳이 없어요
불타오르는 화염은 희망이 아니잖아요

쫓겨나지 않으려고 붉은 눈물 부둥켜안고
울고 있어요
그것이 죽음을 낳는 고립이라는 것을
우리가 증명하길 원한다면
너무 잔인하잖아요

불안한 냄새가 진동하는 웅크린 새벽!
통증이 결국 과녁을 쏘았다

낙동강에 핀 파란 꽃에게 바치다
— 4대강 대운하 사업

천년만년 황지연못
우렁우렁 깊어, 강기슭의 저편과 이편 옹이로 들어앉았다
강이 검붉게 흐르는 날이 있다
분단의 아픔을 갉아 먹은 흔적들 뒤척일 때다
내 엄마 무릎에서 본 적 있는 그 푸른 멍울
서걱서걱 썩은 뼈를 자르는 소리와
뼈 냄새 맡았다는 내 엄마
무릎뼈 배불리 갉아 먹고 난 딸년은 보았다
퍼렇게 흐르고 있는 붉은 피의 아픔을,
저 강에서도 본다
물은 멈추지 않고 흐른다
물의 무늬들이 깊고 그윽한 말을 하고 있다
상처를 날마다 씻어내기 위해
진실과 거짓의 뒤편이 뒤엉켜
江의 혈관을 타고 흐르고 있다
울었던 사람을 본다
그해 낙동강을 건너지 못한 사람들
엄마의 붉은 피를 마시지 못한 딸
썩은 냄새가 자라는 녹조라테 한 컵 받아든 사람들

침묵이 깊다,
깊어서 탁하다 진실과 거짓 지피며
나는 내 발원지 엄마의 자궁, 동굴에 웅크리고 있다
내 엄마 붉은 피가 낙동강을 환하게 밝히고 있다
너무도 맑고 깨끗한 처연한 새날이다

꽃, 비틀거리는 날이면
— 노무현 전 대통령 서거 4주기를 맞아

거문고 별자리 그날 이후 보이지 않는다

하루치 분량 먼지가 무표정하게 앉은 날
한 통의 편지 당신이 떠난 후 쓴다
당신과 우리 사이에 남아 있는 인연에 대해
어쩜, 이 편지는 먼 훗날에나 읽을지도 모른다
드문드문 소등을 준비하는 새벽 어스름
삐걱거리던 낡은 의자에 앉아 저승과 이승
오가는 길 없을까 생각한 적 있었다
당신도 그날, 저승과 이승 수없이 오갔으리라
처음 사랑할 때 뜨겁게 달궈진 심장
쿵 내려앉아 터진 아침 누구도 밥 한 수저
목으로 넘길 수 없다는 것을 알면서도
당신만은 얼어붙은 겨울 강 온전히 건너길 바랐다
볕 드는 양달의 가슴 모질게 쪼아대던
무지한 사람과 사람 몸에 박힌 가시,
묵정밭의 몹쓸 돌을 골라내길 바라던 무수한 기원,
그 담장에 산수유 꽃 다시 핀 봄이다

검은 리본 주둥이 문질러버리고 싶은
환장하게 좋은 날, 비·틀·거·리·는 봄이다

* 고 노무현 전 대통령 서거 4주기 추모 헌정시집 표제시.

통곡의 바다에 꽃을 묻다
— 기억하라, 세월호

동트는 새벽 분명 바다는 푸르렀다

누구도 몰랐다 소용돌이치는 바닷길 열리면
아무 일 없다는 듯 제주항에 도착할 줄 알았다
꽃처럼 환하게 재잘거리던 웃음소리가
이승과 저승 경계에서 본능처럼
숨죽이며 파르르 숨소리 멈춘 세월호

육중한 뱃머리가 휘청 들썩거리며
검은빛으로 흐르는 바다,
그곳에서는 창백하게 시들어가는 꽃잎 하나 꽃잎 둘
파도의 무게를 견뎌내며 부표로 둥-둥
멀쩡한 대낮으로 다시 돌아올 수 없는
하늘길로 떠나는 억울한 그대들 맑은 영혼의 혼
꽃, 어린 꽃들의 눈물 살아남은 자와 숨 쉬고 있는 자
모두 목 놓아 울 뿐 아무것도 하지 못한
낯 뜨거운 자화상에 분노와 울분 새긴다
잊지 마라 이 무책임한 사회를
마지막 절규마저 외면한 어른, 우리들이

끝끝내 감당해야 하는 천형天刑 그날 아침
처절한 절규 귀 닫은 무심한 이 세상 용서하지 마라
하, 꽃이 진다
잔인한 사월 또다시 새겨지는 주홍글씨
노란 리본 가슴에 달고 그대들 앞에
무릎 꿇은 죄 많은 이들의 조문 행렬 끝이 없구나

엄마, 아빠 사랑해요. 한 줄의 짤막한 문자
이렇게 이승을 짧게 다녀갔음을, 통곡하며 기억한다.
그렁그렁 이 눈물이여!

혼잣말
— 구의역 스크린도어를 홀로 수리하다 목숨을 잃은 청년을
   생각하며……

길을 잃었네
누굴 따라 이곳까지 왔는지
꼬드긴 놈은 보이질 않네
거미는 급할 것 없다는 듯
출렁다리에서 똥파리 유혹하고 있네
거미에게 절벽은 기회였네
바닥은 거미에게 최악의 조건이라네
스크린도어 수리하는 내게는
절벽도 바닥도 돌진해야 하는 그물이었네
유리 벽 밖에서는
빛깔도 선명한 정규직 직원들이
공중 부양 중이네
〈시키는 대로 일하면 정규직 시켜줄게〉
비정규직 일회용 날개 접은 날
주인 잃은 컵라면 앞에 놓인 국화
미안하다는 메모만이
침침해진 빛 밝히고 있네
누군가 가져다 놓은 케이크는

벽 타고 내려온 개미들이 차지하고 있네
개미 밥그릇이 된 케이크
현실은 공평하지 않네
길을 잃었네 누굴 따라 이곳까지 왔는지
꼬드긴 놈은 보이질 않네
'차별'이라는 '칩' 제거하고 봉합해버리고 싶은 날
나는 가고 나는 없네

멸치 똥을 바르다가

마른 멸치 한 상자 사 들고 왔다

마지막 몸부림 그대로
미라가 된 멸치,
쟁반에 부어 놓고 한 놈 한 놈
배를 갈라 똥을 끄집어냈다

똥의 크기가 각각인 것이
놈들도 우리네 삶처럼
잘난 놈 못난 놈 있는
그들만의 세상이 있었나 보다

저 배 터지는 줄 모르고
꾸역꾸역 처먹고 있는
우리네들 뱃속이나
배 갈린 멸치나 무엇이 다를까?

그 똥이란 것
다 똑같이 담고 있는 것을

3부

꽃, 다시

복숭아 홍차를 마시며

큰딸은 뜨거운 물에
작은딸은 찬물에
정수기 버튼 색깔 따라 또르르 흐르는
천륜 하나
아이들은 생김새처럼
차 마시는 방법도 제각각이다
이 에미 아픔 한 덩어리
휘휘 저어 마시자고 소곤대다 들킨
아이들이 피식 웃자
달콤한 향 내음
피어오르는 찻잔 두 개는
나약한 에미의 두 눈 가득 차올라
뚝
뚝
떨어진다

아, 복숭아 홍차와 함께 마시는
나의 사랑이여

귓속말

의사가 인공고막을 집어 들었어요
귀가 만들어진 날부터 내 귀는 닫혀있었던가요?
내 양수의 바다는 출애굽기의 홍해가 아니잖아요
입술 꼬리가 올라간 의사가 모세는 아니잖아요
바다를 건너간 파도가 파도 소리 듣고 있어요
들숨 날숨 아가미 틈새로 새근새근
파도가 철썩일 때마다 형체를 알 수 없는
소리들이 부실한 달팽이관 초인종 눌러대고 있어요
전생에 나는 달팽이였나요?
새벽이 오는 소리 너무 축축하게 들려요
속삭인다는 것은 내게 실례예요
비스듬히 누운 귓밥이 보여요
소리가 소리로 태어나지 못한 가벼운 말씀이에요
나는 평생 어두운 동굴에서 종을 울릴 준비만 해요
산사 풍경소리였으면 좋겠다는 생각도 해보았어요
동굴 속 금 간 틈으로 푸른 이끼가 보여요
이끼의 적정 온도 같아요
바람을 바람 소리가 흔들어 깨워요
조여든 뿌리가 통증을 느끼는지 아파와요

이쯤에서 식탁에 놓인 미끼 먹어줘야겠어요
식후 30분에 먹으라는 나이 든 여자 약사,
고단한 목소리 쉼표도 없이 윙윙거려요
약봉지가 줄줄이 사탕 같아요
평생 유지보수 해 줄 의사의 달콤한 말이 두근두근
심장에서 들려와요
식후 30분 미끼가 필요 없는 날이 오면
보청기 가격 알아봐야 할까요?

수목장

바늘 하나 꽂을 단 한 평의 땅도 없기에 온갖 이름과
관계를 잊어버리기 전에 한 평의 땅 사야 하네

산림조합 조경수 유통센터에 갔네
철없는 묘목 대신 베란다에 놓아둘
확돌 하나 데려왔네
오목한 중심에 내려앉은 어둠, 녀석이
느린 단조의 음계를 속으로 짚으며 나를 보고 있네
깊이는 아무 의미가 없지
최대한 느리게 물을 채워놓으면
하릴없는 먼지가 침묵 위에서 활강을 즐기는 중심,
덜 채워진 마음에 회색빛 부표가 떠오르지
자정 무렵 떠오른 하현달도 밤하늘에 등대가 되네
서두른 나만 염색 빗을 들고 검은 빛깔 향해 노를 젓네
알람을 해제할 때는 절대적인 중력이 필요하듯
난독증이 산란하고

수신음 들리지 않는 청력 미끄러지는 날

한 평 남짓한 땅에 문득, 눌러놓은 나의 지문,
낙관이 되네 깊이 뿌리내릴 준비를 하네, 차분하게

틀니

온갖 병치레로 약을 밥 먹듯 한 우리 엄마
첫 틀니가 닳고 닳아 달그락거린다
움켜쥐었던 잇몸마저 내려앉았다
더 이상 걸어 나올 것이 없다
혀로 치아를 읽을 일도 없다
치아를 읽을 수 없는 슬픔 이겨내기 위해
새 틀니를 했다
아직 자리 잡지 못한 볼트와 너트의 감촉이
침을 자꾸 삼키게 한다
나도 한때는 엄마에게 틀니 같은 자식이었으리라
당신 마음에 들지 않아 달그락거렸던 딸,
오십 중반 넘은 딸이 이제는 당신 마음 헤아려줘
편안하다고 즐거운 넋두리 하신다
그 달그락거린 틀니 같은 자식이
이제는 내 속을 썩인다
첫 틀니 하고 두 번째 틀니 할 나이 되면
나도 우리 엄마처럼 오십 중반 넘은 딸이
뭉쳐있던 내 마음 헤아려줄까

엄마의 온도

감자가 뿌리를 내리고 싹 틔울 동안
모과가 고작 한 일은 마른 날
내 후각을 건드려 준 게 다였다
단내가 깊어질수록 상처도 깊어짐을 모과는 잊었나보다
제 살 썩어가는 줄 모르고 침침한 그늘에서
단내 풍기는 모과를 보니 엄마 생각이 났다
울 엄마 품에서도 단내가 났다
모과 향처럼 달콤하지는 않았지만
엄마 젖무덤 단내는 내 배를 부르게 하였고
사방으로 뻗은 혈관에 수혈을 마다하지 않았다
그 사랑을 먹을수록 난 파릇파릇해졌고 엄마는
시들어가는 가시 많은 선인장이 되어갔다
 단내는 엄마의 붉은 피의 향기였고
엄마 눈물이 마르면서 바람에 날리는 사랑이었다
내가 파먹은 울 엄마 가슴도,
모과처럼 상처 덕지덕지하겠지
모과를 쓰다듬어본다 엄마 그곳에 계신다

아버지와 복숭아

아이처럼 말을 다시 배우는 우리 아버지
알츠하이머 진단 받은 초여름이다
나는 어디서 왔으며 어디로 가느냐고
이제는 의문 갖지 않는 울 아버지 좋아하신 계절
발그레한 복숭아 그려진 상자 하나
고향 가는 길, 동무가 되어 주고 있다

지난봄 하늘과 땅이 옷고름 풀 적에
도화꽃은 조용히 속눈썹 내리며
누군가의 사랑을 받아주었던 게지
백 년 살아가는 일이 그닥 만만치 않은 세상
누군가는 기억을 지우고
누군가는 다시 사랑하는 일에
단내 풍기는 입술 훔쳐
상자 속에 옹기종기 둘러앉아 있다

아버지, 기억 속 미각 따라가면
그 여름날 단물 흘려가며
베어 먹던 달콤한 온도 그윽할까?

고향 집 파란 대문 들어서자
낯선 이방인 바라보듯 봉인된 기억
딸년은 뒷전이고
복숭아 상자만 냉큼 받아드신다

달게 잡수신 아버지 곤하게 잘도 주무신다

2014, 1월 클로즈업
— 아버지 잠드시다

당신 떠난 고향 집 텃밭,
시금치만 눈밭에서 정갈하게,
푸릇푸릇하다

빈 의자만이 눈밭에 시린 햇살
혼자 독차지하고 있다

아무 일 없다

마지막 낙관을 찍다
— 2014. 1. 17. 암브로시오 잠들다

　엄마가 바느질한 수의 입고 계시는 당신, 차디찬 손에 언니는 묵주 쥐여 드립니다 죄 많은 아들과 딸은 그 억겁의 세월 삼백예순날 다 접어두고 오늘에서야 당신 흰 머리카락 한 올을 시작으로 발뒤꿈치까지 생전에 못다 드린 온기, 당신 가시는 길에서야 전하는 이 불효, 울음이 중얼중얼 목울대에서 뭉개지고 있다 이승에서 마지막 배웅해드린다 저승에 가면 마중 나와 계실 아버지 말씀이 오늘 동백꽃처럼 피었다 졌다

퇴거신고

아버지 환승길 오르셨다

입 꾹 다문 석류가 회색 담장 밖을 기웃거리고 있다
담벼락 안으로 석류나무 가지 당겨놓고
아버지 체온 식은 의자에 앉아 본다
의자는 고쳐 앉을 때마다 몸의 무게 중심을
밖으로 밀쳐놓고 구겨짐을 선택했다
수평의 고요가 덜컹,
처마 끝을 교차하는 전선이 툇마루 쪽으로 기울고
표정 없는 아버지 그곳에 계신다
꽃밭에 분꽃은 아버지의 말줄임표처럼
탁탁 터져 까맣게 오늘을 기록하고 있다
갈 길을 재촉하던 분꽃의 자리에
아련한 아버지의 그림자 묘비처럼 서 있다

노을 무심하게 바라보셨던 아버지
담양천주교공원묘지에서 광주광역시 광산구 신촌동
고향 집 바라보고 계신다
석류가 입 안에서 톡톡 터지는 계절 밖으로

귀향 서두르는 바람이 촘촘하다
모퉁이로 그늘이 모여들고 있다
주인 잃은 의자, 은행나무 둥치로 옮겨본다

경계
— 조카를 보내고

#1

둥글게 몸을 말은 사람들이 우걱우걱 밥을 떠 넣고 있다 가슴에서는 검은 꽃잎이 펑펑, 만개하더니 빗물이 차오른다 생때같은 자식을 먼저 보내야만 한 언니는 아들의 부재를 허락하지 않았다 그렁그렁 죽지 않을 만큼만 숨을 쉬는 목울대에 돌덩어리가 들어앉아 있다 영정사진 속 아들은 세상 다 가진 환한 얼굴로 하얀 이 드러내 웃고 있다 오늘을 받아들일 수 없는 사람들 앞에 놓인 밥 한 그릇, 꾹꾹 누른 울음 밥그릇이 낯설기만 하다 이승과 저승이 정박해있는 장례식장에서 10월이 쨍그랑 두 동강 났다

#2

내장산 굽이굽이 차는 돌고 돈다 붉은 것을 너무 많이 담은 탓인지 조카를 보낸 슬픔이 컸던 이유였는지 눈이 얼룩덜룩하다 못해 눈 그늘까지 붉다 내년에 다시 찾아올 수 있을까 뒤 돌아보는 마음 알기나 하는지 하늘은 익숙한 그림 그리며 품으로 품으로 달려든다 품으로 품으로 달려들던 시절, 조카에게 세상에서 가장 따뜻한 안식처였던 엄마 품이

초겨울 찬바람으로 가득하다 이제는 품을 수 없는 가슴 대신 사진 속 아들, 떼어놓지 못하는 가슴은 통곡의 벽이 되었다 기억에서 놓지 않으려 충혈된 눈 억지로 뜨고 또 뜬다 살아온 날이 짧았던 생이 측은했는지 단풍잎 하나 울컥 떨어진다 하늘은 동여맨 마음이 풀어질 대로 풀어진, 별 없는 밤이 깊어가고 있다 한참 서성이던 영혼도 아팠으리라 잘 가라고 손 흔들어 보내지 못하는 마음, 어느 날 거짓말처럼 잔잔해질 때면 영혼도 육신도 덤덤하게 익어가겠지

#3
피는 푸른 건가?
붉은 건가?
너의 눈빛은 서늘하게 식었다
탄성으로 돌아오는 한 계절이 가고
다시 돌아와 앉은 10월 너의 목소리 듣고파

- 2012. 10. 15. 프란치스코하비에르 담양천주교공원묘지에 잠들다

불면증

여백을 남겨둔 이가 그리운 날이면
허기진 우듬지는 기침하고 먼 길 나섰다
가을비는 유희를 만끽한 허허로움을
바닥을 향해 쏟아 낸다 깊어가는 것은 밤이고
어두워지는 것은 나의 붉은 심장이다
그 밤이 방향을 틀었다
세상 모든 질문들에 대한 화답인 듯
별이 쏟아진다 밤의 뒷모습이 황홀할수록
나의 육신은 초라하게 눕는다
유서를 쓰기도 하고
과녁을 향해 삿대질하기도 한다
밤은 깊다 너무 깊어 하루가 온통 암흑이다
일몰 이후 다른 세상은 오지 않고 있다
기억이 파르르하다
귀화를 서두르는 독백을 잊으려
잠을 또 청해본다 가질 수 없는 것이
많은 세상이다 정좌한 채 끄떡하지 않는 이 밤,
깊어가는 것은 내 잠이 아니라 어둠이었다

마른 꽃

내 생애

가장

아름답게

만개한

사랑이

떠난 자리에

핀 꽃

겨울나무, 그리고

무성했던 소문 뚝뚝 떨어진 나무는
비로소 알몸이 된다
벌레가 머물던 자리는 딱지가 앉았다
한때는 잎이 돋아나고
꽃이 피었을 자리에 머물던 소소한 바람은
하늘과 가까워질수록 잔잔하다
뿌리의 수만 갈래 길이 있다면
하늘을 향한 가지에게도
수만 갈래 길이 있다는 듯
촉수가 익숙한 들숨 날숨 내쉰다
햇살 빼곡한 날이면
유독 더 정체를 드러내는 나무에게서
겨울을 감지하고 돌아선 날
기력 쇠약해진 마지막 잎새가
팽팽한 바람에 위태위태하다
담담한 풍경이 깊어질수록 쫓아가서
아는 체하고 싶은 사람 하나 그립다
겨울로 가는 출구가 가까워질수록
더욱 선명해지는 너

묻지 마라

 내가 누구냐고? 내 마음속에 어떤 사랑을 담고 사냐고 누구도 묻지 마라 나도 한때 그대들처럼 사랑을 하였고 사랑에 배신당하고 그 사랑에 몸부림치고 다시 또 사랑을 원하는 그런 나, 이거늘 행여 어두워 보이거나 아파 보여도 왜 그럴까 염려하지 마라 우주의 자궁 안에서 수많은 이들이 그랬듯, 엄마 자궁 밖 세상도 다 알기 전에 우리는 흩날리는 한 줌 흙이 될 뿐이니 미련하게 묻지 마라 너 자신을 알기 전에는 아무것도 알려고 들지 마라 나도 나를 잘 모르니 무엇을 그대들에게 말해주리

나를 비켜 가는 것들에 대한 예우

인연은 여기까지라고
마지막 안부를 묻고 돌아서는 날은
서늘한 가슴을 안아야 한다
아무도 기억하지 않을
텅 빈 공원에 그네가 되어
혼자 흔들흔들
누군가 말을 건네줄 때까지
혼자 남았다는 것 잊지 말아야 한다
문득 기억이 흐려지는 날이면
사방을 둘러보는 내가 있음을
눈썹 가지런하게 누운 밤
저 혼자 쓸쓸히 기억해야 한다
문득문득 그리워지는 것들이
얼마나 많이 나를 비켜 갔는지에 대한
비루한 기억들이 욱신거린다
내가 누군가의 기억 속에서 잊혀질 때면
나는 먼 곳에서도 그 통증이 느껴졌다
나를 비켜 갔던 것들에 대한 예우로
난 많이 아픈 척해야 했다
나를 비켜 가는 것들이 덜 미안하게

오랜 수첩에는 슬픔이 있었다

얼굴도 모르는 사람 이름을 적었나 보다
이름만으로 기억나지 않는 사람이 있다
이 사람은 어떤 사람이었지
저 사람은 어떤 사람이었을까
시간을 끌쩍거려 보지만 추억이 남아 있지 않다
속삭이는 기억만이 통증으로 남을 뿐
오랜 연락번호가 천천히 걸어 나온다
지금 이 번호로 전화하면 이름만으로
내게 남은 사람은 나를 기억하고 있을까
괜한 장난기 발동하여 번호를
누르니 "여보세요." "찰각"
이름으로만 기억되는 사람이 갑자기
슬퍼졌다
나도 그 사람에게 슬픈 사람일까

붉은 꽃 지는 저녁

초경 -

너를 사랑한다고 수많은 밤
기도문 외듯 나는
내 안에서 피어나는 꽃들의
향기 맡으며 날마다 너에게 말했다
너를 바라보는 시간은
별들이 온통 네 눈 속에서 반짝였고
동거한 내 안의 모든 것들의 상처는
너의 훈훈한 입김으로 치유되었다

폐경 -

바람이 차다
한 번도 이런 바람 맞아 본 적 없다
아주 당당한 바람 앞에 나는 속수무책이다
그 자리에서 너만 바라보는 것이
난 사랑이라고 생각했고 믿음이라 생각했다

변할 수 있다는 것이 사람이라는 것을 깜빡했다

오늘 -

사람이 가고 없다

한 사람을 사랑하는 일

한·사람을·사랑하는·일

선술집 화장실에 그 짧은 낙서
가슴이 서늘해졌다
사랑하는 일

그것도 한 사람만을 사랑하는 일은
나만의 일이 아니었다
그 어떤 이도,
나와 같은 사랑을 하고 있음으로 인해
아파한다는 사실을 알았다

침침해진 시야 끝에
차오르다 만 눈물 한 방울
술잔에 차고 넘쳤다

그 짧은 낙서
한 사람을 사랑하는 일

그 몹쓸 병

넌 아프지 마라
나 혼자로 충분하다
이미 익숙한 아픔 내게 뭐 그리 대수겠누
술이 약인 줄 알고 허구한 날 마시고
약이 고통을 잊게 하는 줄 알고 먹어댔더니
상처가 치유되는 것이 아니라 곪아가더라
변명은 이제 면역이 되어버렸는데
사랑 그것이 뭐 그리 대단한 것이라고
다시 시작하겠누
그러니 너라도 잘 살아라
그래도 어쩌다 한번
내가 아직 살아있는 밤하늘 향해
유독 반짝이는 별이 되어
잘 있다는 기별 전해주라
면역은 되었어도
그 몹쓸 병 가끔 재발하더라

잔 에뷔테른느*의 불온한 사랑

잠을 구겨놓고 더 깊은 불면을 위해
캔버스 액자 속에 갇힌 그녀 앞에서 커피를 마신다
일정한 거리를 두고 나는 그녀를 응시하고
그녀는 영혼 없는 눈으로 긴 목을 빼고
핏기없는 밤을 훔쳐 베고 있다
죽음도 비켜 가지 못한 그녀의 사랑은 추웠고 쓸쓸했다
절반을 가르는 바람 소리도 슬펐다
모딜리아니에게 가는 길은 소용돌이치는 절규뿐,
당신 그리워 우는 밤 울음 터뜨리기보다는
심연의 저 깊은 지상으로의 하강, 날자
무분별한 사랑이라고
새벽을 앞세운 이들이 혀를 찼다

"모딜리아니** 천국에서도 당신의 아내가 되어 줄께요."

끔찍한 사랑이라고 다들 혀를 찼다

그녀 앞에서 식은 커피를 마신다

잠을 구겨놓고 더 깊은 불면을 위해

* 잔 에뷔테른느는 1920년 모딜리아니가 결핵성 뇌막염으로 36년의 짧은 생을 마감할 때까지 함께 했으며 모딜리아니가 죽은 이틀 뒤에 둘째 아이를 임신한 몸으로 양친의 집 6층에서 뛰어내려 자살하고 말았다.
**이탈리아의 화가. 얼굴이 길게 늘어난 인물화, 특히 누드로 우리에게 널리 알려진 화가.

러브조이*

8천 년 후
당신과 내가
다시 만날 수 있는
겨울밤
서쪽 하늘에서는
오리온자리와 황소자리가
푸른재를 털고 있다
어둠 속에서
당신은
청록빛으로 멀어져 가고
나는 늦은 밤
허공에 손 담가두고
손가락 끝으로
별을 쪼아먹고 있다

---

* 2011년 테리 러브조이가 발견하여 이름 붙여진 대혜성이자 선그레이징 혜성이다. 장주기 혜성으로 태양계를 벗어나면 8,000년 뒤에야 다시 볼 수 있다.

섬, 당신에게로 가는 길

달빛 뽀얀 밤 나는 어찌하여
당신 오시는 소리 들어야 하나요
멀어질수록 더 또렷해지는 앙상한 기억은 또 무엇인지요
설핏 잠든 것이 그만 섬 바람 맞게 하시다니
저는 천천히 당신에게로 어둠을 지우며 걸음 옮깁니다
배 한 척이 당신인 양 기다리고 있기에
나는 꿈인가 하여 와락 안겨봅니다
당신의 숨결, 당신의 향취는 내 심장을 관통하였고
우리는 달빛 시든 늦은 밤이 되어서야 등대를 밝혔습니다
우리의 잠이 풍화된 탓에 유난히 길었던 겨울,
몇 차례의 폭설도 기쁘게 맞이하였습니다
그 질기고 단단한 해풍마저도
맞닿은 심장 어쩌지 못하였지요
아침이 오면 우리는 바다의 안부를 물으며
뒤틀린 바람의 흔적 따라 눈길 산책하였지요
그때, 폭설 위에 써내려간 편지는
머리 희끗한 중년이 되면 읽어보자 하셨으니
아득히 먼 다음 생에서는
육지에서 만나자는 편지 다시 보내드립니다

| 해설

비틀거리는 중심과 보랏빛 혁명

홍승희 시품 동인

 1년 6개월 전 일이다. 박미림 시인은 아직 쓰지도 않은 시집을 들고 와서 내게 발문을 부탁했다. 흔쾌히 그러나 다소 부끄러운 자세로 나는 쓰지도 않은 발문에 이미 사인을 했다. 바로 버스 안에서! 일어나지 않을지도 모른다고 생각하는 일들은 오히려 일어나는 법이다. 그러므로 버스 안에서는 항시 조심스러워야 한다. 뭘 수락할지 뭘 발견할지 어디로 가는 중인지 모르는 곳, 수많은 모험이 줄기차게 벌어지는 곳이니까. 그로부터 계절이 몇 번 바뀌고, 줄줄이 엮어진 박시인의 시들이 고구마 한 상자와 함께 무사히 집 앞에 도착했다. 총 67편의 시와 그만큼의 햇고구마들! 땅속 말을 알아듣기 위해 습관성 난청을 앓는 것들. 땅 아래로 아래로 자꾸 머리를 처박는 것들. 검붉은 갑옷을 무슨 슬픔이나 되는 듯 단단히 껴입은 것들. 한 솥의 물이 지글지글 끓는 동안 나는 그 황홀한 자태를 오랫동안 물끄러미 바라보았다.

1. 밥통이 내린다

2017년 개봉한 짐 자무시 감독의 〈패터슨〉이라는 영화에는 패터슨 시(市)에 사는 패터슨 씨가 등장한다. 그는 버스기사이고 취미로 시를 쓴다. 매일 같은 노선을 도는 그의 생활은 반복적인 삶을 살아가는 소시민들의 일상을 그대로 복사해 낸다. 패터슨은 버스 안에서 벌어지는 조그만 사건들을 놓치지 않고 봐두었다가 자신만의 노트에 한 편의 시로 완성해 나간다. 그의 시에는 소소한 삶의 흔적들이 고스란히 묻어 있다. 도무지 바뀔 것 같지 않은 반복들. 이러한 비가역적이고 불변적인 것들 사이에서도 그러나 아주 미세한 주름과 칼집은 생겨나게 마련이고 이것들은 점차 유의미한 차이로 변화해간다. 그것은 자동차와 기차의 속도, 혹은 스마트폰의 업그레이드 속도로 이루어지는 것은 분명 아닐 것이다. 미세한 차이를 감지하는 사람들의 속도, "눈에 힘을 주면" 화가 나는 게 아니라 "눈물이 나"(「눈에 힘을 주면」)는 그런 부류의 사람들, 바로 시인들의 속도로 생성되는 변화이다.

유심히 살펴보면, 버스 안에는 나사못처럼 박혀서 좌중을 관찰하고 그들의 아픔을 읽어주는 시인이 반드시 한 명은 있다. 이 시집에도 이러한 관찰의 결과로 쓰인 네 편의 버스 연작시가 수록되어 있는데, 여기에는 각각 '밥을 위하여', '슬픔을 냄새에 가두는 법', '이방인', '청년'이라는 부제가 달려 있다. 소외되고 아픈 사람들, 버스로는 갈 수 없는 곳을 그리워하는 이주노동자들, 그리고 불안한 시대를 살아가는 청년들을 뜨겁게 품고 있는 성스러운 시들이다. 우선, 그중 한 편을 살펴보려고 한다. 이 작품은 환장하게 좋은 날, 어느 비틀거리는 봄날에 버스에서 밥통 하나가 내리는 장면에서 시작한다.

　　운전기사 뒷자리는 사내 지정석이다
　　누구도 침범할 수 없는 영역,
　　레일 위를 달리는 물류의 숨 가쁜 레시피 구상 중이거나
　　살을 파고드는 발톱 깎고 있거나
　　어설픈 사생활 조율하고 있을 새벽 6시
　　사내의 단잠은 버스와 함께 덜컹거린다
　　눈빛 한번 마주친 적 없는 사내는
　　정류장마다 타종이 울려도
　　코너를 도는 속도감이 몸을 한껏 잡아당겨도
　　좀처럼 고개 들어 자세를 고쳐 앉는 법이 없다
　　물론 치아 드러낼 일은 더더욱 없다
　　낮은 음성일 수 있는 목소리 또한 들을 일 없다
　　어쩌면 그 사내의 눈 속에는 바다가 들어앉아

출렁거리고 있을지도 모르겠다
출렁이는 것에 너무도 익숙해 흔들리지 않는 사내,

나의 지정석은
사내의 뒤통수 머리카락 헤아릴 수 있는 자리
원형탈모의 민낯이 이니셜처럼 새겨져 있다
〈울컥, 내 정수리에도 새겨진 이니셜〉
단 이십 분짜리 점심시간을 향해 사내가
빨리빨리 물류 정류장에서 내린다
밥통이 내린다
밥통을 어깨에 메고 다니는 사내인 걸 보면
굵은 바리톤 목소리를 지닌 사내일 수도 있겠다
당당한 저 뒷모습, 다행이다
동은 여전히 트지 않았다

—「버스 1 - 밥을 위하여」 전문

　아침 출근길, 매번 같은 버스, 같은 자리에서 한 남자가 졸고 있다. 그는 눈빛도 음색도 알 수 없는 사내다. 운전사 뒷자리에 앉아 종착역을 향해 갈 때 단잠은 그의 설익은 꿈을 아슬아슬 지키고 있다. 그 위로 꽂히는 시인의 시선. 신기하게도 반복되는 모든 것들은 편안한 감정을 불러일으킨다. 심지어 정당화되지 않은 친밀감마저 조성한다. 반복되는 조우 속에서 시인은 사내의 감은 눈에 담긴 바다를 보고 만다. 덜

컹거리는 좌석과 바닥에 최적화된 물결이 그의 눈에 담긴다. 무위의 바다는 매일 끌려갔다 끌려와도 항상 같은 수위를 지키지만, 밥 벌러 가며 밥통까지 어깨에 짊어져야 하는 사내의 눈에도 늘 그 정도의 물이 고여 있을까? 우리는 밥이라는 형식으로 우리 존재를 앞으로 밀고 나간다. 그리고 항상 누군가의 밥이어야 하기도 하고 때로는 누군가에게 밥과 같은 소박한 배경이 되어주고 싶기도 하다. 밥을 뺀 실체로서의 인간은 불가능하다. 이제 상상해보자. 근육질의 시시포스가 바윗덩이만한 쇠밥통을 머리에 이고 매일 언덕에 오르는 모습을. 속죄의 정점에서 밥통이가 마구 굴러 내린다. 땡그렁 땡그렁. 한 영웅의 형식과 배경이 그렇게 매번 무너진다. 하지만 그는 끊임없이 저 아래서부터 밥통을 끌어올리는 작업을 재개할 것이다. 보이는가. 사력을 다해 수평선 위로 밥통이 들려지고 있다. 동이 트는 시간은 아직 오지 않았다.

"출렁이는 것에 너무도 익숙해 흔들리지 않는 사내"의 영웅적 이미지는 뒤따라오는 다른 버스 연작시들에서도 나타나고 있다. 「버스 2」에서는 하루 종일 마늘을 까느라 "가시처럼 박혀있는 냄새"를 안고 살아야 하는 여인의 이야기가 나온다. "밥줄은 지독한 냄새를 동반하"고 "시큼한 냄새는 삶이 강렬할수록 숙성된"다는 자신만의 철학으로 여인은 일갈한다. "너희들이 슬픔을 냄새에 가두는 법을 알기나" 하냐고! 「버스 3」은 머나먼 타국에서 이방인으로 살아가는 이주노동자들의 이야기이다. "공장장의 육두문자"가 "월급 통장에 꽂"혀도 그들의 손등에 난 흉악한 상처는 오히려 유순해지기만 한다. 그들에게는 단지 "버스로는 갈 수 없는 나라가" 그리울 뿐이고 이제 "두 계절만 떠안으면 된다"며 스스로를 위무한다. 먼 이야기인 것만 같은 이주노동자들의 흉터는 마지막 연작시 「버스 4」에 이르러 우리 시대의 청년들에게 고스란히 넘어온다. 버스에서 졸고 있는 한 청년의 복사뼈 위에는 상처가 나 있다. 하차 직전까지 졸고 있던 그는 그까짓 것쯤 별것도 아니라는 듯 벌떡 일어나고, 상처는 곧 사라져 버린다. 단번에 눈에 보이지 않는 상처가 되어 버린다. 청년인 그는 성년도 장년도 되지 못한 어느 지점에서 마치 왜소증을 앓고 있는 것만 같다.

박미림 시인은 버스에서 마주치는 이 모든 상처와 아픔과 냄새가 마치 잃어버렸다가 되찾은 자신의 옷인 것처럼, "무기력한 날일수록 옷을 껴입게 된다"고 고백한다. 그리고 묻는다. "이쯤에서, 무얼 다시 시작할 수 있"느냐고. 그는 "껴입은 옷의 실밥이 절대로 느슨해서는 안 된다"는 결의를 보이면서도, 한편으로는 "기를 쓰면 쓸수록 세탁소 거울은 점점 더 침침해진다"(「세탁소에서」)며 침울해하기도 한다. 소외되고 거부당한 이들을 껴안는 일이 어찌 쉬운 길이겠는가. 그저 그 아픔과 슬픔을 함께 힘껏 들이마셔 보는 것이다. 그리고 미끈한 초연함 같은 건 담벼락에 싹 갈겨버리는 것이다.

2. 중심을 이탈한 자의 아픔과 슬픔

우리말 시에 나오는 그 어떤 각운도 아픔과 슬픔을 넘어설 수는 없다. 오스카 와일드는 생전에 "인간이 가질 수 있는 정서 가운데 최고는 슬픔"이라고 했고, 마르셀 프루스트는 슬픔이 "마음의 힘을 길러준다"라고 썼다. 이러한 아픔과 슬픔의 정서는 이 시집에도 곳곳에 스며들어 있다. 이는 난독증(「수목장」), 돌발성 난청(「노령연금을 계산하다」), 알츠하이머(「아버지와 복숭아」), 한하운 시인의 한센병(「자화상」)과 같은 질병의 이름으로, 때로는 폐경(「붉은 꽃 지는 저녁」), 불면증과 같은 신체적 증후(「불면증」)로 나타난다. 그중에서도 아버지를 여읜 슬픔(「마지막 낙관을 찍다」, 「퇴거신고」)과 조카를 먼저 보낸 아픔(「경계」)이 깊은 상실로 박혀 있다. 시인은 이러한 아픔과 슬픔을 단단히 뭉쳐서 "사랑하는 병" 그러니까 "그 몹쓸 병"(「그 몹쓸 병」)이라고 명명한다. 슬픔에서 시작해 아픔으로 깊어지고 이것이 병적인 증상으로 진행되어가는 것이다.

애당초 슬픔이 생겨난 경위를 들여다보면, 세상의 중심에서 벗어날 수밖에 없는 이들의 배경을 짐작해 볼 수 있다. 이것은 사람들뿐만 아니라 사물과 생물 사이에서도 보편적으로 벌어지고 있는 일상적 사건들이다. 몇 가지 예를 들어보자.

산림조합 조경수 유통센터에 갔네
철없는 묘목 대신 베란다에 놓아둘

확돌 하나 데려왔네

오목한 중심에 내려앉은 어둠, 녀석이

느린 단조의 음계를 속으로 짚으며 나를 보고 있네

깊이는 아무 의미가 없지

최대한 느리게 물을 채워놓으면

하릴없는 먼지가 침묵 위에서 활강을 즐기는 중심,

덜 채워진 마음에 회색빛 부표가 떠오르지

—「수목장」 부분

「수목장」이라는 시에는 시인이 묘목을 사러 갔다가 그냥 확돌 하나만 들고 오는 장면이 있다. 시인은 이미 중심에서 멀리 있는 듯한 자세로, "깊이는 아무 의미가 없지/ 최대한 느리게 물을 채워놓으면/ 하릴없는 먼지가 침묵 위에서 활강을 즐기는 중심"이라고 말한다. 중심에서 놀고 있는 것은 다름 아닌 하릴없는 먼지들뿐이라고. 「꽃을 든 남자」에서는 "짧아진 머리카락이 몸을 낮춰 더 꼿꼿하"다고 말하면서 이것을 "뽑히지 않기 위한 슬픈 미동"이라고 본다. 자신이 속한 위치에서 언제 뽑혀 나갈지 모르는 것들의 슬픔이 고스란히 전해져 온다. 중심을 벗어났다고 해서 중심의 무게가 사라지는 것은 아니다. 시인의 비애는 아마 여기에 있을 것이다. 중심의 해체는 결코 일어나지 않으리라는 걸 안다는 것.

빗물에 씻겨 암모니아 냄새 나질 않는 홍어집

가건물 지붕 위로 떨어지는 빗방울 소리가
시계 소리 음미한 지 오래,
구석에 세워둔 우산에서는 공회전 마친
빗방울이 꼭짓점을 향해 모여든다
중심은 언제나 묵직하다
바깥으로 도는
빗줄기에서는 비 비린내가 난다
비린내 도려내기 위해 모여든 사람들
삼합 한 접시에
술병이 모로 눕는다.

—「냄새의 지문」부분

"구석에 세워둔 우산에서는 공회전 마친/ 빗방울이 꼭짓점을 향해 모여든다/ 중심은 언제나 묵직하다"와 같은 시구를 보면, 이 모든 몸부림이 결국은 묵직한 중심을 향해 떨어질 수밖에 없는 것이 아니냐는, 우리는 중심을 벗어난 바깥에서 풍기는 비 비린내와 같은 존재가 아니겠냐는 시인의 다소 허무주의적인 자세가 드러난다. 주디스 버틀러의 표현을 빌리자면 중심은 권력과 같은 것이어서 사라지지 않고 오직 재배치될 뿐인 것이다. 이러한 권력으로서의 중심 외에 생물학적 중심에서의 이탈은 또 어떠한가? 가령 부모가 나이 들면서 자식에게 기울어지는 일은 "몸의 중심이 기울어질 때면 자식들을 생각했다"(「포도의 배후」)라는 표현에 잘 녹아

있고, 아버지가 저세상으로 몸을 옮기시는 일은 "몸의 무게 중심을 밖으로 밀쳐놓고 구겨짐을 선택했다/ 수평의 고요가 덜컹"(「퇴거신고」)과 같은 섬세한 은유에 오롯이 담겨 있다. 중심에서 떨어져 나가거나 노화, 사별과 같은 사건으로부터 아픔의 징후가 찾아온다.

    퇴사 2년 만에 복귀한 실험실 그간 누구도 손 잡아주지 않았다는 듯 다육이는 햇볕이 이끄는 대로 마냥 끌려가고 있었다 반가운 마음으로 눈을 맞춘다 다육이의 저 태연함은 천천히 병들어가고 있다는 시위인지도 모른다 숨을 길게 내쉬는 가쁜 하루가 목에 걸린다 잔기침이 인다

—「다육이의 방」 부분

아픔에 대한 천착은 개인사적 아픔이나 주변인의 고통에 한정되지 않는다. 박 시인은 분명 현 한국 사회의 뿌리 깊은 병폐에서 오는 문제들을 주목하고, 이것이 구조적으로 가장 취약한 계층의 사람들을 점점 더 회복 불가능한 구석으로 몰아가고 있다고 날카롭게 지적한다. 비정규직 노동자(「다육이의 방」)와 그들의 취약한 노동환경(「혼잣말-구의역 스크린도어를 홀로 수리하다 목숨을 잃은 청년을 생각하며(부제)」), 용산참사(「김포 전호리 습지 말똥게는요」), 세월호 재난(「통곡의 바다에 꽃을 묻다」)과 같은 주제로 쓰인 시들은 사회적 약자들의 마음과 어린 혼령들을 따뜻하게 위로하고 있다.

이 모든 것이 시인은 아프다. 중심에서 점점 밀려나는 사람들이 아프고, 그들의 아픔과 고통마저 사회적 관심과 논의 밖으로 밀려나는 것이 아프다. 이것은 비유적 아픔이 아닌 실제적 통증을 수반하는 아픔이다. 귀가 아파서 "의사가 인공고막을 집어 들"고 시인은 "귀가 만들어진 날부터 내 귀는 닫혀 있었던가요?"(「귓속말」)라고 묻는다. 전화를 받으려 해도 "수신음 들리지 않는 청력 미끄러지는 날"(「수목장」)이 빈번해진다. 잘 들리지 않는 미래가 불안해지고, "새벽이 오는 소리(가) 너무 축축하게"(「귓속말」) 들린다. 시인은 불안함에서 오는 불면증에 시달리기도 한다. "일몰 이후 다른 세상은 오지 않고 있다, 깊어가는 것은 내 잠이 아니라 어둠이었다"(「불면증」)와 같은 시구들은 시인의 내면에 뿌리박힌 불안과 두려움의 깊이를 가늠해 보게 한다. 불안은 모든 문을 닫아버리고 끝없이 영혼을 메마르게 한다. 그렇다면 이제 중심에서 이탈한 아픔과 슬픔은 어디로 가는가. 어디로 향해야 하는가…….

3. 보랏빛으로 피어나는 혁명

봄이 왔다고,
스스로 몸 낮추어 피어 있는 거지
바닥에 기대지 않고

굳이 하늘 가까이 닿지 않아도 될 만큼

딱, 그만큼 높이에서

재는 것들은 무심히 지나쳐 가게끔

보랏빛으로 한 계절 다녀가는 게지

―「제비꽃」전문

  결론적으로 말하면, 박미림 시인은 중심의 문제를 자세의 문제로 치환하고 있는 듯하다. 높은 자세에 중심을 놓으면, 그 자세는 오래 유지하기 힘들다. 중심을 최대한 낮추어야 한다. 그런 깨달음은 "그늘 아래/ 낮게 엎드린 입술들이 합창을 한다"(「어느 하안거」)라는 표현이나, "스스로 몸 낮추어 피어있는 거지/ 바닥에 기대지 않고/ 굳이 하늘 가까이 가지 않아도 될 만큼/ 딱, 그만큼 높이에서"(「제비꽃」)와 같은 풀꽃의 비유에 간명하게 담겨 있다. 그녀는 아프다, 아프지만 더 이상 불필요한 외부의 중심에서 흔들리지 않으려고 한다. 세상의 모든 좋은 것들을 탐하는 무리들은 "그냥 나를 비껴 가시라"고 하면서 자신은 낮은 자리에서 보랏빛으로 한 계절만 다녀가고 싶다고 말한다. 아래 인용된 「빛고을 송정역에서」를 보면, 하지만 이러한 "중심 옮김"이 더 큰 아픔을 배제하지는 않는다는 시인의 슬픈 자각이 엿보인다.

침묵沈默이 그날의 기도처럼

침목枕木으로 가지런히 누운 밤

문득, 결을 이룬 모든 것들은
저마다의 낙관을 품고
오체투지의 삶으로
살아가는 일이라는 것을
레일의 지문을 읽으며 생각한다

—「빛고을 송정역에서」부분

 기차의 하중을 떠받치는 침목처럼 삶에 눌어붙은 모습으로 오체투지를 계속해야 할지도 모른다고 말한다. 그에게 현실은 환장하게 좋지만 비틀거릴 수밖에 없는 나날들이고, 그럼에도 불구하고 "결을 이룬 모든 것들은 저마다의 낙관을 품고" 있어야 한다고 독려한다. 비록 늘 "하늘은 본색을 드러낸 채 얼룩져 있"(「일기예보」)다 할지라도.

 이 시집에서 필자에게 커다란 울림을 준 두 개의 표현이 있다. 바로 "아무 일 없다"(「2014, 1월 클로즈업」)와 "누구도 묻지 마라, 아무것도 알려고 들지 마라"(「묻지 마라」), 이 두 문장이다. 처음에는 울컥한 마음이 들었고, 그다음에는 이 문장들을 여러 번 곱씹어보았다. 과연 이들이 체념의 문장인지 혹은 분노의 문장인지를 이해해 보려고 하였다. 아버지를 떠나보내며 그 누가 "아무 일 없다"라고 할 수 있으며, 내가 누구냐고 묻는 사람에게 어찌 "아무것도 알려고 들지 말라"고 말할 수 있겠는가. 마치 뜨거운 화두를 가슴에 안은 것처럼 며칠이 흘렀다. 세상의 모든 화두가 그렇듯 여기에도 명

확한 답은 없겠지만, 아마도 시인이 하려는 말은 이런 것이 아니었을까? 한없이 낮은 자세로 살아야 하는 이들에게는 그저 침묵으로만 남겨두어야 하는 것들이 있다고. 그저 오래오래 더디게 한번 가보자고, 함께 갈 테냐고.

> 몸살 오른 여린 꽃망울들
> 개화를 늦추며 혁명을 기다리고 있었으리라
> 하지만 그래도 피어야 한다
> ―「5월의 격문」부분

견디지 않고 존재하는 것은 없다. 돌멩이 하나, 새 한 마리도 저마다의 무게로, 중심으로, 위치에서 살아간다. 그 모두가 모든 순간을 혁명으로 살고 있다. 들판의 여린 꽃망울들을 보라. 다가올 혁명을 준비하며 지금의 혁명을 앓고 있다. "하지만 그래도 피어야 한다"를 끊임없이 속삭이면서. 참 다행이다. 풀꽃들은 혼자 피지 않고 끈끈하게 뭉쳐서 피니까. 온 들판을 환하게 불사를 테니까······.

시의 무기는 차가울 때 가장 예리하다. 붉음으로 형상화되는 아픔과 푸름으로 상징화되는 차가움이 무고한 보랏빛 혁명으로 이 땅을 한바탕 물들이기를 염원한다.

박미림 시인이 펴낸 시집

『벽을 바라보다』(산목, 2002)

『마네킹』(산맥, 2004)

『눈물은 소리내지 않고 흐르는 강물이다』(산맥, 2006)

『한 사람을 사랑하는 일』(사색의정원, 2013)

시인 박미림(필명 朴練筆박연필)은

전남 해남에서 태어나 광주와 해남을 오가며 자랐다. 서울에서 초·중·고·대 학창시절을 보냈다. 1999년 함동선 시인 추천으로 월간 『문예사조』를 통해 등단하였다. 문학 활동으로는 김포문학상, 항공문학상, 낙동강세계평화문학상, 중봉문학상 등을 수상하였다. 현재 김포문인협회 수석부회장이며, 〈징〉 〈달詩〉 〈시품〉 〈시쓰는사람들〉 동인 활동을 하고 있다. 2006년 경기문화재단 창작지원금과 2018년 가천문화재단 창작지원금을 수혜했으며, 시집으로 『벽을 바라보다』 『마네킹』 『눈물은 소리내지 않고 흐르는 강물이다』 『한 사람을 사랑하는 일』 『붉은 꽃 지는 저녁』이 있다.

붉은 꽃 지는 저녁

1판 1쇄 인쇄일 2018년 11월 10일
1판 1쇄 발행일 2018년 11월 20일

지은이 박미림
펴낸이 노승우
펴낸곳 사색의정원
출판등록 2013년 7월 4일 제409-2510020130000011호
주소 경기도 파주시 재두루미길 150
전화 010-2459-3630
이메일 nohsw1124@nate.com

© 박미림, 2018
ISBN 979-11-951530-3-2 03810

지은이와 출판사의 동의 없이 이 책의 내용 중 전체 또는 일부를
인용하거나 발췌하는 것을 금합니다.

이 책은 2018년 가천문화재단 창작지원금의 지원을 받아 제작되었습니다.